겨울밤

冬の夜

정해원 시조와 하이쿠집

丁海元 時調と俳句集

목언예원

이 도서의 국립중앙도서관 출판예정도서목록(CIP)은 서지정보유통지원시스템 홈페이지(http://seoji.nl.go.kr)와 국가자료공동목록시스템(http://www.nl.go.kr/kolisnet)에서 이용하실 수 있습니다.(CIP제어번호: CIP2018015121)

겨울밤 / 冬の夜

지은이 · 정해원
펴낸이 · 민병도
펴낸곳 · 목언예원
번역 · 안수현
표지디자인 · 디자인그리고

초판 인쇄 : 2018년 06월 10일
초판 발행 : 2018년 06월 15일

목언예원
출판등록 : 2003년 2월 28일 제8호
경북 청도군 금천면 선바위길 53 (신지2리 390-2)
전화 : 054-371-3544 (팩스겸용)
E-mail : mbdo@daum.net

ISBN 978-89-94733-68-5 03810

본 사업(도서)은 2018년 부산광역시, 부산문화재단 지역문화예술 특성화지원사업으로 지원을 받았습니다.

부산광역시 BUSAN METROPOLITAN CITY 부산문화재단 BUSAN CULTURAL FOUNDATION

가격 : 12,000원

겨울밤 冬の夜

정해원 시조와 하이쿠집

丁海元 時調と俳句集

목언예원

■ 머리말

말하지 않으면서 말하는 여백의 문학

우리 시조는 고려 말부터 700여 년을 이어져 왔다. 하이쿠의 역사는 500년이라 하지만 이것은 하이카이의 역사며 하이쿠俳句라 불리는 이름이 사용된 것은 메이지 이후가 된다.

하이카이俳諧는 무로마치시대 때부터 서민들 사이에 유행해 골계의 맛을 지닌 하이카이 렌가俳諧連歌로 되었으며 에도시대에는 더욱 융성해져 하이카이俳諧가 문예로 확립되지만 메이지 시대 때는 언어의 유희遊戲로 변질되어버리므로 점차 흥미를 잃게 되어 메이지 20년대 마사오카시키正岡子規, 1867~1902에 의한 하이쿠혁신운동俳句革新運動이 일어나게 되며 1893년 12월 22일 자 일본신문사 신문《日本》에「芭蕉雜談」을 발표하여 새로운 용어로 하이쿠를 주창하였으며 사물의 참모습을 객관적 묘사로 그려내려는 사생적寫生的 태도를 보였다.

그리고 홋구発句만을 떼어내어 감상하는 것을 제안했다. 그러므로 하이쿠의 역사는 120년 남짓하다. 시조보다 짧은 역사인데도 하이쿠는 세계 여러 나라로 뻗어나가 많은 나라가 하이쿠를 짓고 있으며 어떤 나라는 교과서에 실어 하이쿠를 가르치기도 한다. 하이쿠는 유네스코 세계문화유산 등재 신청을 준비하고 있는 데 비하여 우리 시조의 세계화, 국제화는 더디기만 하다.

이것은 당연한 결과다. 우리 시조가 외국에 알려진 시기는 최근의 일로 하이쿠보다 100년이나 늦게 유럽에 알려졌기 때문이다. 일본의 문화는 영미보다 프랑스에서 먼저 활발한 연구가 있었다. 우리나라에 대한 다수의 논문과 글을 쓴 바 있는 프랑스의 동양학자 레옹 드 로니Léon de Rosny, 1837~1914는 일본 근대화의 아버지라 부르는 후쿠자와 유기치福澤諭吉와 친분이 있는 사람으로 1863년부터 동양어 학교에서 일본어를 가르치기 시작하고 1868년에 일본어 초대初代 정교수正教授로 취임하게 되며 그 후 『日本 名詩 詩選集, 日本 列島 古今의 詩』를 출간하였다. 이는 마사오카시키의 하이쿠 혁신이 있기 전부터 일본 시가가 서구에 소개되었다는 것이며 자연스럽게 하이쿠까지 연결되어 프랑스에 확산하였으며, 이어 영국, 독일, 미국에 하이쿠가 소개되고 그 후 하이쿠는 러시아와 동유럽에 보급된다. 하이쿠 국제화에 최대 공헌을 한 사람은 도쿄대학의 객원교수였던 체임벌린 B.H. Chamberlain, 1850~1935이었으며 그 후 가쿠슈인대학 교수였던 블라이스 R.H. Blyth, 1898~1964는 『하이쿠』라는 책을 출판하여 영어권에 하이쿠를 소개하였다.

하이쿠가 세계에서 열광하며 배우는 것은 이 이유뿐만이 아니다. 거기에는 근본적인 무엇이 있기 때문이다. 하이쿠가 서구에 소개될 때는 단가短歌와 같이 소개되었으나 단가는 관심에서 밀려나고 하이쿠에 더 주

목하게 된다. 유럽인은 왜 그렇게 하이쿠를 좋아하게 됐을까?

처음 유럽인은 이 두 개의 시 형식을 별로 구별하지 않았다고 한다. 그러나 단가와 하이쿠가 유럽에 퍼져 갈수록 그 차이를 느끼게 되고 단가는 뒤로 물러나고 하이쿠가 전면을 차지하게 된다.

단가는 그 고유의 미학에 속박되어 있지만, 하이쿠는 생각과 가슴을 활짝 여는 문학이기 때문이다. 단가는 주관적이지만 하이쿠는 객관사생이다. 그러므로 단가는 가족에 대한 애정이나 사랑을 노래하는 것이 많으나 하이쿠는 사랑의 감정을 노래하지 않는다. 또한, 하이쿠는 작은 것에 큰 의미를 찾아 일시적인 것을 영원으로 나타내며 흔한 것에 비범한 것을 발견하는 카루미輕み 정신이 있다. 외국인이 단가보다 하이쿠에 매료된 원인의 하나는 이러한 하이쿠 특유의 세계관이라고 생각한다.

일본의 하이쿠가 처음 서구에 옮겨졌을 때 고전 하이쿠 특유의 정형, 즉, 음절 수도 리듬 구조도 그 나라의 언어의 특징에 따라서 바뀌는 일은 당연하다. 일본인에게 하이쿠는 5 · 7 · 5라는 강력한 음률의 틀에 새겨지고 있지만, 외국어의 하이쿠는 각 나라의 언어 고유의 음절 수와 리듬 구조를 선택할 필요에 쫓기게 된다. 하이쿠를 서구에 보급하기 시작했을 때 서구의 시인은 일본 고전의 하이쿠의 정형을 흉내 내서, 자신의 시도 5 · 7 · 5라는 음률의 틀에 맞추려고 노력했지만, 음절 수의 조합일 뿐이고 시를 만들면 부자연스러운 리듬이

부족한 시가 되었다. 그래서 적당한 것은 각각의 국어 고유의 특징에 따른 음절의 조합과 리듬 구조를 결정할 것을 생각했다.

파운드 등 서구의 시인은 하이쿠의 영향을 받은 세 줄의 짧은 시를 하이쿠라 했다. 내용으로서는 유럽의 20세기 초의 시의 정취에 가깝다. 이들은 각행이 5, 7, 5 음절의 세 줄로 하여 하이쿠의 정형처럼 보이지만, 유립의 시의 방법에 너무 집착하고 있었다. 서구인들은 하이쿠에 단 하나 없어서는 안 될 조건으로 세 행으로 쓰는 거로 생각하고 시적인 방법으로는 사생写生이라고 생각했으며 형식적으로 세 행의 단시를 하이쿠라 생각하며 그 형식만 흉내 내다가 점점 하이쿠의 철학적 미학적 본질을 파악할 수 있는 하이쿠를 만들기 위하여 시인 특유의 세계관을 발전시켜야 할 것을 깨닫게 된다.

20세기 초 유럽에서는 시의 새로운 표현을 추구했으며 그 방향 중 하나는 어떻게 하면 풍부한 내용을 한정된 짧은 형식 속에 넣느냐는 것이었다. 하이쿠가 그 방법의 하나를 제시했고 서구의 시 앞에 새로운 길을 열었으며 이미지즘운동에 영향을 주었다.

시조는 기승전결起承轉結이 있는 논리적인 구조를 가진 완벽한 정형시다. 그에 비하여 하이쿠는 그 자수字數가 17자밖에 되지 않아 17음에 모든 것을 다 담지 못하기 때문에 음행吟行을 하고 계어季語라는 것이 있어 어떤 시적 대상에 대하여 공감을 얻고, 같은 시적 감흥으로도 부족한 것은 기레지切れ字로 보충하는 불

완전한 정형시다. 하이쿠는 태생 자체가 렌가連歌에서 연속되는 구句를 아래 구句는 버리고 발구發句만을 취하였기 때문에 완성된 시가詩歌가 아니다. 그런데 하이쿠는 국제화되는데 비해 시조의 세계화가 답보상태에 있는 것은 앞에서 설명한 여러 가지 이유만은 아닌 것 같다.

시조를 세계화하려면 연시조로는 안 된다. 단수여야 한다. 많은 이가 3수 연시조로 자기의 주관적인 정서와 감정을 나타내고 있다. 진부하고 일면 매너리즘에 빠져있는 것은 아닌지 한 번쯤 생각할 시점이며 이제 원래의 모습인 단시조로 돌아가야 할 때인 것 같다.

시조가 길어진다는 것은 주관적인 감정과 정서를 길게 설명하려 하기 때문이다. 그러므로 감상자에게 느끼게 하는 것이 아니라 그렇게 느끼기를 강요하는 것이 된다. 그러므로 시인과 감상자의 스키마schema가 같지 않아 거기에 공감할 수 없게 된다. 특히 시조는 단수에 시인의 정서를 다 담을 수가 없다는 핑계로 연시조를 쓰고 있으며 시적인 형상을 확대 심화시키려 하다 보니 한계가 있으므로 감상자의 공감을 얻지 못하게 된다.

시조가 시절가조時節歌調라고할 때 자연에 순응하며 사계四季에 대하여 노래해야 한다. 자연은 세계인 공통의 정서와 감정을 가질 수 있기 때문에 공감을 얻을 수 있다. 자연을 지배하거나 종속시키려 하지 말고 자연의 외침에 귀 기울리고 거기에 응답해야 한다.

짧은 단수에다 많은 것을 담으려 하지 말고 자신을

둘러싼 만물을 주의해서 바라보며 자연의 있는 그대로를 보다가 작은 소리도 들을 수 있어야 하며 그 속에서 승화하는 생명력과 사물의 저 너머에 있는 또 다른 세계와 연결하는 시작 태도가 중요하다. 다 말하려 하지 말고 3장 6구를 던져놓으면 된다. 다 말해버리면 감상자는 자기만의 상상력을 발휘할 수 없으며 시인의 관점에서 한정하게 된다. 시인이 툭 던져놓은 시어에는 모호성과 다의성과 함축성이 있으므로 감상자는 자기가 가지고 있는 원초적 이미지를 재현적 상상력을 통해 이미지를 환기하게 되며 감상자의 머릿속에서 다시 구체적으로 변용變容, 조작操作하는 과정을 거쳐 감상자만의 새로운 세계를 만들어 내도록 해야 한다.

우리 시조는 45자 안팎이다. 단가는 31자인데도 하이쿠에 더 매료된 데는 시사하는 바가 크다. 그래서 이번 시조와 하이쿠집 『겨울밤』에서 나의 시조는 이러한 것을 염두에 두고 내용의 긴장과 그것을 뒷받침하는 꽉 조이는 듯한 음률의 긴장을 위하여 음수에 충실하였으며, 문학적 미학적 요소를 배제할 수는 없지만 될 수 있는 대로 주관과 스토리를 최소화하고 다 말하지 않고 생략하며, 말하지 않으면서 말하는 작품의 회화성絵画性을 살리고 여운과 여백을 남기려 했다.

시조는 평시조를 기준으로 할 때, 3 · 4조의 음수율을 가지고 3장 6구, 45자 안팎으로 4음보로 이루어져 있으며 자수는 작품마다 한두 자 차이가 있을 수 있지만, 종장 첫째 구만은 3음절을 반드시 지켜야 하며 종장 둘째 구는 5자에서 한두 자 더 해도 된다.

하이쿠는 정형성과 계어와 여백의 아름다움을 배가하는 '말 끊음'인 기레지切れ字가 있다. 하이쿠는 5 · 7 · 5의 17자로 된 음률에 의한 정형시이다. 하이쿠를 짓는 사람은 정해진 규칙에 따라서 말을 맞추는 능력도 하이쿠의 필요한 조건이지만 자기 주위의 사물이나 현상에 초점을 맞추고 세계를 보는 능력이 없어서는 안 된다. 시조는 자수와 음수가 같지만, 하이쿠는 17자에서 넘는 지아마리字あまり라던가, 부족한 지다라즈字足らず가 없는 것은 아니지만, 음수는 17음을 지키고 있다. 그리고 계어季語는 1950년대까지는 다까하마쿄시高浜虚子가 정했다. 그 이전에는 와카和歌의 세계에서 끌어온 계어가 있다.

사계四季를 대표하는 것이 「花, ホトトギス, 月, 紅葉, 雪」 등 우아한 단어가 중심이 되었다. 그 후 계어는 증가하여 세시기歳時記는 자꾸 두꺼워져 왔다. 그러나 나츠이시반야夏石番矢1955~ 는 계어 없이 "키워드"를 설정하는 것을 제창하고 있다.

계절이 없는 사상까지도 계어적季語的인 것으로 다루어야 한다고 생각하는 사람이 늘고 있으며 요즘은 자유율自由律 하이쿠랑 전위前衛 하이쿠도 나타나고 있다. 이러한 추세에서 한국어 하이쿠의 계어는 어떻게 해야 할 것인가를 생각하지 않을 수 없다. 한국어 계어를 만들자는 의견이 있었으나 진전이 없었다. 일본 세시기의 계어는 우리와 맞지 않는다. 계절감에 차이가 있기 때문이다. 예를 들면 낙엽은 대표적인 가을을 뜻하는 시어인데 하이쿠에서는 겨울의 계어이다. 칠석七

夕은 우리는 여름인데 하이쿠에서는 가을을 나타낸다. 그리고 한 구句에 한 개의 계어는 반드시 들어가야 하며 두 개의 계어는 쓸 수 없다. 한국어 하이쿠에 쉽게 접근하도록 하기 위해서는 될 수 있는 대로 자유로워야 한다. 그러므로 이번 시조와 하이쿠집 『겨울밤』에서는 하이쿠를 어렵게 생각하지 않고 엄격한 규칙에 얽매이지 않기로 했다.

시조 시인이 하이쿠를 짓는 데 대하여 못마땅하게 생각하는 사람이 있을 수 있겠다. 시조 시인이 한시를 짓거나, 영시를 읊는다고 잘못된 것이 아니듯이 하이쿠도 마찬가지다. 그 나라 언어로 쓰면 그 나라 문학이 되는 것으로 생각한다. 한글로 쓰이는 하이쿠는 우리 문학의 한 장르가 되는 것이다. 나의 시조와 하이쿠집으로 한 · 일 간 정형시 교류에 조그마한 보탬이라도 되기 바라며 시조 세계화에 도움이 되었으면 한다.

나는 사회복지사로 노인이나 장애인 등 사회적 약자에 대하여 늘 생각하고 있다. 지난번 시집 『소실점』과 『빙하기』에서 언급했듯이 시인은 이 사회의 파수꾼이 되어야 한다고 했다. 그를 대변하려다 보니 나의 시에서 멜랑콜리한 비애적이고 쓸쓸한 느낌이 들 수 있겠다. 모든 사람이 행복한 삶을 살았으면 좋겠다. 서툰 일본어 문장을 고쳐 바로잡아 준 안수현 교수께 감사드리며 부족하고 잘못된 부분은 이해해주시기 바란다.

2018년 6월

늘하 정해원

■ 緒言

語らずに語る余白の文学

時調は高麗時代の末からおよそ700年余りを続いてきた韓国の短詩型文学である。俳句の歴史は500年と言われているが、俳句という呼び方となったのは明治以降のことである。
俳諧は室町時代から武士や庶民の間で好まれた滑稽の味を持った集団文芸の俳諧連歌でありになっており、江戸時代にはさらに隆盛になり俳諧は個人文芸に確立される。明治時代に入り、言葉の遊戯に変質されつつあった俳諧は次第に興味を失うことになって明治20年代、正岡子規(1867~1902)が俳句革新運動に取り組み、1893年12月22日付けの日本新聞社の新聞《日本》に"芭蕉雑談"を発表して新たな用語で俳句を唱え、事物の真の姿を客観的描写で描き出し写生的態度を見せた。
そして俳諧の発句だけを切り離して鑑賞することを提案した。したがって俳句の歴史は120年余りになるということである。時調より短い歴史にもかかわらず俳句は世界の諸国に伸びていき、今や多くの国において俳句を作詩しており、国によっては教科書に載せて俳句を教えているほどまでの成長振りである。日本は俳句をユネスコ世界無形文化遺産登録を積極的に目指しているのに比べ、時調の世界化・国際化をめぐっての現状は任重くして道遠しのそれといえよう。

これは当然の結果であると考えられる。韓国の時調が外国に知られた時期は今からごく最近のことであり、俳句より100年も遅れて欧州に伝えられたからだ。特に日本の文化は英米よりフランスで先に活発な研究が行われた。韓国について多数の論文や寄稿文を書き残した東洋学者のレオン・ド・ロニー(Léon de Rosny, 1837~1914)は1862年に江戸幕府がヨーロッパに派遣した最初の使節団の第1回遣欧使節がフランスを訪問した際にその通訳を務めた間、福澤諭吉と親交を重ねた人であって、彼は1863年からフランス国立東洋語学校で日本語を教え始め、1868年この学校の初代教授となったのである。その後『日本名詩詩選集・日本列島古今の詩』を出版したが、これは正岡子規の俳句革新が起る前、俳句という日本詩歌が西欧への紹介は自然につながり、フランスだけでなく、英国、ドイツ、米国の国々に次から次へと、挙げ句の果て、ロシアなどの東ヨーロッパ諸国まで知られるようになった。俳句の国際化に最大の貢献をした人々はイギリスの日本研究家で東京大学文学部名誉教師を務めたバジル・ホール・チェンバレン (Basil Hall Chamberlain, 1850~1935)と京城帝国大学英文科を経て学習院大学英文科教授となったレジナルド・ホーラス・ブライス(R. H. Blyth, 1898~1964)は『俳句』という本を出版し英語圏に俳句を紹介した。

俳句が世界的な熱狂さを呼んだ上、さらに俳句を学ぶ現象とは特定たる西洋学者による俳句に対する物理的な紹介だけが理由として働いているのではない。そこには根本的な何かがあるからである。俳句が西欧に紹介されるに際して、短歌と同時進行の形の紹介であったが、短歌は次第に人々の関心から押し出され俳句にもっと注目するようになる。ヨーロッパ人にお遠ざかるようになり、その分、俳句の方を好むになったのは如何なる理由に基づいているのであろう。

最初、この二つの短詩文学を体験したヨーロッパ人は両者に対する区別意識はなかったといわれる。しかしヨーロッパに広まって行くにつれて短歌と俳句との相違を感じ取るに至っては、短歌の場合、立ち遅れて俳句が首位を占めるようになる。

短歌はその固有の美学に束縛されているが、俳句は詩想と歌心を解放すると文学というからだ。短歌は主観的なものである反面、俳句は客観写生である。したがって短歌は主に恋人や家族に対する愛情を詠むことが多いが、俳句は愛の感情を歌わない。また俳句は小さなことに大きな意味を探して、一時的なものごとを永遠なものに示し、ありふれた平凡の世界から非凡の境地を発見する軽みの精神が存在する。外国人が短歌より俳句に魅了される主要原因の一つはこのような俳句特有の世界観にあると思われる。

20世紀初めのヨーロッパ詩壇の関心事は新しい表現の追求する上、その方向の一つとして豊かな詩的内容を限定された短い形式の中に詠み入れるかということであった。俳句がその方法を提示することによって、西欧における歩むべき詩の前途に新しい道を開くことであって、それはイマジズム運動に大きな影響を与えたのである。

時調は漢詩のごとく、いわゆる論理的な起承転結の構造を有する完璧な定型詩である。俳句はその場合、17文字からなっているが故、17音の数に詩想のすべてを詠み入れられぬ構造的な特徴から、吟行あるいは季語というものを駆使することを通して詩的対象をめぐる共感を獲得でき、もしくは同じ詩的感興ではあっても詠み足りぬ場合は、切れ字の媒介を要求する不完全な定型詩である。俳句の胎生自体の面からして、連歌の構成句において、例えば、下句は捨てて発句だけを取っているため完成体の詩歌ではないことは確かである。ところが国際化されつつある俳句に比べて、時調の世界化は足踏み状態に陥っているのは、前述のような理由だけではないということである。

ということで、時調の世界化をめざすためには、従来からの「聯時調」の形式にとどまっはならないと考えられる。正格の単時調への回帰を自覚すべことということである。現代時調の詩人の中、かなり多くの人々は依然として、3首聯時調の形をとって主観的な感情を示している。それこそ陳腐でマンネリに落ちているのではないかと一度は考えるべき時点であり、それ故、時調の元の姿の単時調に戻らなければならない時がやってきたのであると思われる。

時調が長くなるというのは、詩人の主観的な感情や抒情を長く説明しようとしているためである。したがって、聞き手固有の感想領域を犯すことであって、彼らにして何かを感じさせる強要することになるのである。それゆえ、詩人と鑑賞者のスキーマは、両者には異質的なものに歪んでしまい、共感できなくなる。 特に時調は言い換えると、単時調に詩人の抒情を全て詠み込められぬということから聯時調の持続は言語道断の言い訳であり、詩的形象の無理やりな拡大深化の意図は、限界があるため、付け焼き刃はすぐに剥がれるがごとく、結局のところ、鑑賞者の共感を獲得できなくなるはずである。

時調が時節歌調と言うならば、その名が示すように、自然の摂理に順応して四季歌でなければならない。自然というのは世界中共通の感情を物語るが故、共感を持ち得ることができる。自然は支配と従属の対象とせず自然本来の絶叫に耳を傾けて、応えるべきと思われる。短時調の詩の器に多くのことを盛り込まんとせず、自分を取り巻く万物流転に注意して眺め、ありのままの自然を見据えることによって、小さな音も聞けるべきであって、その中で昇華する生命力と物ごとの彼方に存在する別の世界につながる詩作態度が肝心なのである。語り尽そうとせず、時調の3章6句の詠み投げさえあれば良いのである。詠み尽せば鑑賞者の想像力は遮断され、詩人の限定する観点に閉ざされてしまうのである。詩人が投げつけた詩語は、独自の曖昧性と多意性と含蓄性があるがため、鑑賞者にして抵抗できる原初的イメージの再現、それからそこにつながる想像力の発揮、イメージの呼び起こし、再び具体的な詩的変容と操作過程を経て、鑑賞者固有の新たな世界を造り上げるように導かせるく空間を与えるべきと思われる。

　韓国の時調は45文字前後構成の短詩文学である。同じように、31文字の日本の短歌音数律の面において時調とは格段の相違とは言えないが、筆者にとって俳句にもっと魅了されたのは示唆するところが大きい。

それで今回の時調と俳句集『冬の夜』で私の時調はこのようなことを念頭に置いて内容の緊張とそれを支える音律の緊張を守る音数に充実し、文学的・美学的要素を強調するより、できるだけ、主観とストーリーの最少化し、詠み尽すことの止揚と省略を通して、語らずに語る作品、すなわち絵画性と余韻と余白を残そうとした。

　平時調は基本的に3.4調の音数律を持って、3章6句45字前後、4音歩からなる。字数は作品によって一字や二字の違いはあるものの、終章の第一句目は3音節を必ず守るのが原則であって、同じ終章の第二句目は5文字に一字や二字の字余りは許す。

　俳句は何よりも歌そのものの定型性と季語と余白の美しさを倍加する‘言葉を切ること’の切れ字がある。俳句は5・7・5の17文字になった音律による定型詩である。時調は字数と音数が同一である反面、俳句は17文字を超える字余りとあるいは不足した字足らずの場合もあるが、音数は17音を守っている。風土性を表す季語というものは1950年代までに高浜虚子によって主導的に定められたのである。それ以前には和歌の世界から寄せ集めた季語が使われていたのである。例えば、四季を代表する季語群は″花・ホトトギス・月・紅葉・雪” などのように優雅な世界を象徴する詞が中心となった。

近代以後、歳時記に現れる豊かな季語の量的・質的増加が目立ってきたのである。しかし、俳人の夏石番矢(1955～　)は季語の代わりに俳句の″キーワード″を設定することを提唱している。

季節のない思想までも季語的のものと扱うべきことと考える人が増えており、最近は自由律俳句と前衛俳句も現れている。このような傾向で韓国語俳句における季語の位置づけは如何にすべきかを考えなければと思われる。韓国語の季語を作ろうという意見もないわけではないが、さりとて大した進展もなかったのは事実のようである。というのは、韓国と日本の歳時記における季語の性質が合わないのである。それは季節感の違いがあるためである。例えば、落ち葉の場合、秋を意味する代表的な詩語であるが、俳句では冬の季語であるし、七夕の場合、韓国は夏の季語である一方、俳句では秋を示す。そして一句に一つの季語は必ず入るのが原則であって二つの季語は許さないという規則がある。

要するに、韓国語俳句のように、外国語俳句の詠み方の手近な設定のためには、できるだけ、自由な形でなければならないと思われる。したがって今回の時調と俳句集『冬の夜』では厳格な規則に縛られない俳句を作ることにしたのである。

俳句を書くことに対して反感を持つ時調詩人がいるかもしれない。漢詩を作ったり英詩を吟じるのが誤ったことではないように、俳句も同じである。筆者は外国文学を自国の言語で書くともはや自国の文学となるものであると考えている。ハングルで歌われる俳句は韓国文学の一つのジャンルになるのである。私の時調と俳句集を上梓することを通して、韓日両国の短詩文学交流を通じ、友好親善の促進に資する活動を願いつつ、時調の世界化に助力できたらと幸と思う次第である。

筆者は高齢者や身体障害者など社会的弱者のを守り、自立へ導く社会福祉士として第二の人生仕事に取り組んでいる。前回の詩集『消失点』と『氷河期』で言及したように、詩人は現代社会の見張番にならなければならないと述べた。社会的弱者のみなさんに代わって彼らの声を少しでも伝えたいということから、時として、私の詩がメランコリー・悲哀・もの寂しい感じがするかもしれない。要するに、全ての人が幸せになればと思うのである。

最後に一言添えておくのであるが、筆者の下手な日本翻訳のところは読者の御理解いただきたい。特に日本語文章に細かいところまで行き届くコメントをしてくださった安修賢教授に感謝の気持を伝えたいのである。

2018年 6月

訥河 丁 海 元(チョン・ヘウォン)

CONTENTS

겨울밤 / 冬の夜

PART 00 | 머리말 / 緖言 • 04

PART 01 | 겨울 / 冬 • 25

겨울밤 · 冬の夜 • 26

겨울밤 2 · 冬の夜 2 • 28

겨울 갈매기 · 冬のカモメ • 30

성당 담벼락 · 聖堂の垣根 • 32

겨울 초승달 · 冬の三日月 • 34

입동 날 아침 · 立冬の朝 • 36

겨울비 오던 날 · 冬雨の日 • 38

세모 · お歲暮 • 40

점묘화 · 点描画 • 42

입동 · 立冬 • 44

독거노인 · 独居老人 • 46

— 정해원 시조와 하이쿠집

PART 02 | 가을 / 秋 • 49

가을 하늘 · 秋の空 • 50

가을밤 · 秋の夜 • 52

어느 저녁 · ある夕 • 54

가을바람 · 秋の風 • 56

귀향기 · 歸鄕記 • 58

오솔길 · 小道 • 60

어느 날 · ある日 • 62

저녁놀 · 夕焼け • 64

초가을에 · 初秋に • 66

을숙도 · 乙淑島 • 68

PART 03 | 여름 / 夏 • 71

염천 · 炎天 • 72

꼭두서니 · アカネ • 74

서면교차로 · 西面の交差点 • 76

회억 · 回憶 • 78

하루살이 데불고 · 連れの蜉蝣 • 80

매미 소리 · 蝉の声 • 82

장마 사이 · 梅雨の晴れ間 • 84

민달팽이 · 蛞蝓 • 86

매미 · 蟬 • 88

냇가에서 · 川辺にて • 90

PART 04 | 봄 / 春 • 93

가는 봄 · 行く春 • 94

새봄 · 初春 • 96

밤 벚꽃 · 夜桜 • 98

청사포 · 靑沙浦 • 100

오는 새봄 · 近づく春 • 102

목련꽃 핀 아침 · 木蓮の花咲きし朝 • 104

봄날은 간다 · 春の日は過ぎゆく • 106

낙화 · 落花 • 108

잔설을 밟고 · 残雪歩き • 110

산에서 · 山にて • 112

PART 05 | 무계 / 無季 • 115

새 한 마리 · 一羽鳥 • 116

초승달과 잉어 · 三日月と鯉 • 118

소유물 · 持ち物 • 120

반송동에서 · 盤松洞にて • 122

옆집 계집애 · 隣家の少女 • 124

아버지 문갑 · 父の文箱 • 126

아침 남항 · 朝の南港 • 128

청사포 바다 · 青沙浦の沖 • 130

어느 아침 · 或る朝 • 132

육교에서 · 歩道橋にて • 134

PART 06 | 발문 • 137

겨울
冬

01

겨울밤

겨울밤 그 적막을
바람이 휘젓는다.
고독孤獨은 베갯잇에
눈물로 떨어지고
냉기冷氣는
뼈에 사무치는데
유리창流離窓도 따라 운다.

冬の夜

冬の夜寂寞を
風がかき回す
孤独は枕元
涙の落ちる
冷気は
骨身に染みる
貰い泣きのガラス窓。

冬夜更け枕に涙窓が泣く

ふゆよふけまくらになみだまどがなく
겨울밤 적막/베개에 지는 눈물/우는 유리창

겨울밤 2

북풍은 유리창을
사납게 흔드는데
그리움도 얼어붙은
빙판 같은 방 안에서
외로움
그 두께만큼
깊어가는 불면의 밤.

冬の夜 2

北風はガラス窓を
激しく揺さぶる
懐かしさも冷え込んだ
凍りつきの一人部屋
寂しさ
その厚さほど
更け行く不眠の夜。

北風や氷の部屋に夜更かな

きたかぜやこおりのへやによふけかな

칼바람 분다/얼음장 방 안에서/깊어가는 밤

겨울 갈매기

어릴 적 내 동경憧憬이
아득한 수평선에
해류를 거슬러서
비상하는 갈매기 떼
구슬픈
울음 떨구면
굽이치는 하얀 파도.

冬のカモメ

幼い頃私の憧憬が
はるかな水平線に
海流に逆らって
飛翔するかもめの群
もの悲しき
涙落とす
白きうねり波。

冬がもめ鳴き声落とす海の波

ふゆがもめなきごえおとすうみのなみ
겨울 갈매기/슬픈 울음 떨군다/하이얀 파도

성당聖堂 담벼락

겨울의 그림자가
일렁이는 성당 담벼락
빛바랜 낡은 벽화壁畫
꺼져가는 그 목숨을
담쟁이
천 개의 손으로
움켜잡고 버틴다.

聖堂の垣根

冬の影が
揺れる聖堂の垣根
色あせの古き壁画
消えて行くその命を
蔦は
千手観音
負けじ魂。

聖堂垣摑みし壁画千手の蔦

せいどうがきつかみしへきがせんじゅのづた
성당 담벼락/꽉 움켜잡은 벽화/담쟁이의 손

겨울 초승달

초췌한 얼굴하고
기침하는 초승달이
검劍보다 푸른 날刃의
칼바람 부는 밤에
눈초리
치켜세우고
쌀쌀맞게 웃고 있다.

冬の三日月

憔悴した顔に
咳く三日月
剣より青い刃の
冷たい風吹く夜
目じり
吊り上がり
そっけない冷笑。

鋭剣よ青き刃の立つ冬の月

れいけんよあおきはのたつふゆのつき
날카로운 검/날이 서 푸르구나/겨울 초승달

입동立冬 날 아침

쨍그랑 쇳소리가
날 듯한 빙점氷點 근처
팽팽한 아침 공기空氣
항복점降伏點에 이르렀고
내 삶은
허리가 휘어져
끊어질 듯 아프다.

立冬の朝

がちゃんと鉄の音が
出るような氷点の近く
張り詰めた朝の空気
降伏点に達し
わが暮らし
腰が曲がって
切れそうに痛い。

張り詰めた氷点の朝腰痛し

はりつめたひょうてんのあさこしいたし
팽팽한 공기/빙점 그 부근에서/아픈 내 허리

겨울비 오던 날

겨울비 내린 포도鋪道
고개 숙여 지나가며
손 시린 고달픈 삶
뚝 떨군 눈물방울
칼바람
목을 찌르며
비수匕首처럼 꽂힌다.

冬雨の日

冬雨降った鋪道
頭を下げて通る
しびれた手先の丸潰れ
ぽたり涙の一滴
太刀風
首を吹きまくる
刺さる懐刀。

太刀風や落とした涙手がしびれ

たちかぜやおとしたなみだてがしびれ

칼바람 분다/뚝 떨군 눈물방울/손이 시리다

세모歲暮

수많은 십자가가
현란한 도시 배면背面
새우등 노숙자들
떨고 있는 세모歲暮의 밤
못 박힌
그리스도의
그 원죄原罪를 반문한다.

お歳暮

数多くの十字架
華やかな都市背面
猫背ホームレスたち
震えている歳暮の夜
釘が刺さった
キリストの
その原罪を聞き返す。

十字架のキリストの釘暮寂し

じゅうじかのキリストのくぎくれさびし

저 많은 교회/못 박힌 그리스도/쓸쓸한 세모

점묘화點描畫

새하얀 눈밭에서
강아지와 장난치며
발자국을 찍으면서
그렸던 점묘화가
글썽한
눈물에 비쳐
떠오르는 오후 세시.

点描画

真っ白な雪の上で
子犬と遊ぶ
刻む足跡
思い出の点描画
残す
涙に映って
浮かぶ午後3時。

雪野原子犬と遊ぶ点描画

ゆきのはらこいぬとあそぶてんびょうが
하얀 눈밭에/발자국 찍으면서/그린 점묘화

입동立冬

방충망防蟲網 바깥에서
떨며 뒹구는 벌레
한동안 잠차져서
장난치며 노는 하오下午
겨울이
기립起立하여 와
유리창을 흔든다.

立冬

防虫網の外
震える一匹虫やがて寝転ぶ
ひとしきりの夢中
昼さがりをじゃれる
出し抜けの冬
瞬くの間の起立
ガラス窓を揺らす。

防虫網虫が震える冬が来る

ぼうちゅうもうむしがふるえるふゆがくる
방충망 밖에/떨며 뒹구는 벌레/겨울이 온다

독거노인獨居老人

찬바람 드사나운
독거노인 어느 거처
헤진 집 못 꿰매고
거미는 어디 갔나?
냉기가
만장滿場한 방에
형광등이 깜박인다.

独居老人

冷たい隙間風
独居老人の御宮
擦切れた住み処の衣縫い尽せず
蜘蛛は何処?
冷気の化け物
冷え切った部屋
瞬くばかりの蛍光灯。

蜘蛛の糸擦り切れ住み処年寄よ

くものいとすりきれすみかとしよりよ
어둔 형광등/거미집이 헤졌네/독거노인 방

가을
秋

02

가을 하늘

하얀 꼬리를 끌고
비행기 한 대 간다.
저 먼 눈부신 창공蒼空
한 줄 획을 그으면서
아득한
영원永遠을 건너
천국으로 가고 있다.

秋の空

長々し尾の白きを
飛ぶ一機の飛行機
遠国の目映い青天井
一線の画を引く
遥かに
永遠の彼方を渡りきって
天国に近づく。

青空に永遠を飛び去る飛行雲

あおぞらにとわをとびさるひこうぐも

눈부신 창공/영원으로 향하는/하얀 비행운

가을밤

살갗에 닿는 냉기
소름 송송 돋아나고
가을밤 깊이의 끝
수심愁心의 밑바닥서
풀벌레
애절한 울음
나도 그만 우는 밤.

秋の夜

触れる冷気の肌
粟立つ全身の物思い
深まる秋夜の端
使い果たす心の内奥
草の虫
鳴き声の哀れ
無性の涙夜。

哀れ鳴き秋の心の草の虫

あはれなきあきのこころのくさのむし
애절한 울음/愁心의 그 밑바닥/풀벌레구나

어느 저녁

그 사람들 떠나가고
낙엽 이미 다 졌겠지
쓸쓸한 빈 하늘에
붉은 노을 활활 타고
기러기
가을을 끌고
그 가운데로 날아가데.

或る夕暮れ

立ち去った彼ら
今頃、色褪せの落ち葉
寂しい空
燃る赤い夕焼け
雁群
秋を引きずり
秋の中を飛ふ。

夕焼けや秋を引きずる雁の群

ゆうやけやあきをひきずるかりのむれ
붉은 노을 속/가을을 끌고 가는/기러기 행렬

가을바람

찬바람 스치면서
비치는 모습 있어
창밖을 내다보다
눈길 문득 멈춰본다
어머니
얼굴이던가?
한 줄기 바람인가?

秋の風

寒風に吹かれ
目に映る姿あり
眺める窓の外
ふと見遣る
母の
面影か?
風の便りか?

ガラス窓母親の顔秋の風

ガラスまどははおやのかおあきのかぜ

유리창 밖에/어머니 얼굴 뜬다/바람이구나.

귀향기 歸鄕記

코발트 하늘 아래
주렁주렁 감이 붉고
감와인 익는 마을
단풍이 무척 곱다
이 하루
얘기 들어 줄 친구
찾아가는 내 고향.

歸鄕記

コルバルトの空の下
鈴なりの柿の実赤し
柿ワインの味付く村
時折の綺麗な紅葉
ただの一日であれ
心あらむ友人もがな
里帰の故郷。

柿の空熟れるワインの我が里よ

かきのそらうれるワインのわがさとよ

감 익는 하늘/와인 맛이 드는 날/고향에 간다

오솔길

나 혼자 울고 싶어
오솔길 걸었는데
낙엽 밟는 바싹한 소리
오후의 호사스러움
우는 것
잊어버리고
하염없이 걷는다.

細道

人知れずの涙
細道を歩く
落ち葉を踏むと乾きし音
午後の花車
泣くも
忘れ果ては
止め処ない歩み。

落葉踏む一人歩みの午後の人

おちばふむひとりあゆみのごごのひと

바싹한 낙엽/혼자서 밟고 가는/오후의 호사

어느 날

사는 게 고달픈데
수숫대는 춤을 춘다
눈부신 하늘 자락
하늬바람에 펄럭이고
이 가을
떠나고 싶어도
가야 할 곳 없구나.

ある日

苦しき世渡り
きびの茎は踊る
眩しき空の裾
西の風にひらつく
この秋
旅立たむとて
行き場のない命。

西の風きびの踊りや空眩し

にしのかぜきびのおどりやそらまぶし

하늬바람에/수숫대 춤을 춘다/눈부신 하늘

저녁놀

빈곤률 자살률이
일위인 이 나라에
오늘도 가슴 치는
나의 이 서글픔이여
뭉크의
절규 같은 노을
핏빛으로 물던 저녁.

夕焼け

貧困率と自殺率
関係断絶の国よ
今日も胸を打つ
詩人のこの悲しみよ
ムンク(Edvard Munch)の
絶叫の夕焼け
血潮に染まる夕暮れ。

胸痛むムンクの叫び夕焼けよ

むねいたむムンクのさけびゆうやけよ
가슴 아프다/뭉크의 절규 같은/핏빛 저녁놀

초가을에

무언가 좋은 일이
있을 듯한 초가을에
한 마리 모기가 와
내 팔뚝에 앉아서는
공손히
피를 빨고 있다.
제 죽는 줄 모르고

初秋に

お序での節の
初秋に
一匹の蚊
旦那の腕に飛び降りて
無邪気に
吸血
死ぬも知らずに。

一匹の蚊無邪気吸血死も知らず

いっぴきのかむじゃききゅうけつしもしらず

초가을 모기/공손히 피를 빤다/죽을 줄 몰라

을숙도

갈대들 서로 기대고
바람을 견디면서
날마다 속삭이고
밤마다 소곤거리며
이 가을
떠나지 않고
을숙도를 노래한다.

乙淑島プサン・ウルスクド

凭たせ合う葦と葦
風に耐えつつ
囁く毎日
夜ごとのささめごと
この秋
立ち去らず
ウルスクドを歌う。

立ち去らず島守る神葦の風

はなれずにしままもるかみあしのかぜ

떠나지 않고/을숙도를 지키는/갈대숲 바람

여름
夏

03

염천炎天

풍향계風向計 숨을 멈춘
정적靜寂의 하오 두 시
고달픈 나의 삶의
갈증渴症의 밑바닥에
한 마리
수캐가 앉아
혀를 빼고 헐떡인다.

炎天

風見は息止め
行き来の途切れた静寂の午後二時
疲れた人生の
渇症の底に
一匹
雄犬が座ったまま
舌を出して喘ぐ。

炎天や渇きどん底犬の雄

えんてんやかわきどんぞこいぬのおす

염천 풍향계/갈증의 그 밑바닥/수캐 한 마리

꼭두서니

달포 넘던 장마철도
이제는 끝이 나고
울적하던 마음이며
하늘빛이 살아나면
저녁놀
꼭두서니 색으로
서천을 물들인다.

茜草

半月も降り続く
梅雨明けの昨今
心の雲
蘇る空の色
夕焼けは
茜色の
西方浄土を彩る。

梅雨終わる夕焼け染まる茜色

つゆおわるゆうやけそまるあかねいろ

장마 끝나다/저녁노을 물이 든/꼭두서니 색

서면교차로

낙일落日이 빌딩 위에
걸려있는 저녁 무렵
때아닌 먹구름이
천지를 뒤덮는데
일상에
지친 군상들
발걸음이 바쁘다.

西面交差点

超高層ビルの上の落日
夕方頃まで吊り下がる
時ならぬ雨雲
天地を覆い隠す
世間擦れの
疲れ群像の影
急ぐ足取り。

宵のビル夕立走る急ぎ足

よいのビルゆうだちはしるいそぎあし

빌딩 위 낙일/별안간 먹구름이/걸음 바쁘다

회억回憶

풋감이 정적 깨며
떨어지던 그 여름에
매미들 울다 지친
고목나무 그늘에서
오늘도
해가 다지도록
자지러지게 울겠다.

回憶

静寂を乱す青柿
落ちるあの真夏
鳴き疲れの蝉ら
老樹の陰で
今日も蔭にて
暮れ果てるまで
声を限りに鳴き続く。

青柿や蟬の鳴き声日が沈む

あおがきやセミのなきごえひがしずむ
풋감 떨어져/매미의 울음소리/해가 지는데

하루살이 데불고

하루살이 데불고서
오솔길 걷다 보면
지나온 나의 생도
문득 되돌아 보이고
많은 것
생각 다 보면
어느새 석양이네.

連れの蜉蝣

連れの蜉蝣
小道を歩く
過ぎ去りし我が人生
ふと振り返る
思念の間
最早
いつの間にか入り日。

蜉蝣と小道歩けば夕日影

かげろうとこみちあるけばゆうひかげ

하루살이 떼/데리고 걸어간다/석양이구나.

매미 소리

이 환한 백주 대낮
말 걸어 줄 사람 없어
오래된 연못가를
걸어가는 하늘에는
현란한
별빛 쏟아지네
그것은 매미 소리.

セミの鳴き

明るき真昼間
置き去りの運命
古き池沿いの
一人歩きの空は
絢爛たる
飛び降る星の明かり
それはセミの鳴き。

星明かり池に飛び降るセミの鳴き

ほしあかりいけにとびふるセミのなき
대낮 별빛이/연못에 떨어진다/매미 소리네

장마 사이

기나긴 장마철은
마음이 우울하다
말 못 한 사연들을
하얗게 헹궈내어
찬찬히
빨랫줄에 널면
햇살 잠깐 머문다.

梅雨の晴れ間

長々と続く梅雨は
八潮路の心
言うに言われぬ裏話
白水に濯ぎ落とす
気長に
物干し綱にかける
束の間の触れ合いの日差し。

晴れ間空物干しひもに日差しかな

はれまそらものほしひもにひざしかな
장마 사이에/빨랫줄에 머무는/하이얀 햇살

민달팽이

집 없는 민달팽이
기나긴 여름 넘네.
아이가 도화지에
줄 하나를 긋는 하오下午
아파트
담장을 넘어
한 줄 획을 긋고 있다.

蛞蝓

宿無しの蛞蝓
長い夏渡り
一枚の画用紙
子供の描く一線の午後
マンションの
塀を越えて
一線を引く。

蛞蝓が一線を引く夏渡り

ナメクジがいっせんをひくなつわたり

민달팽이가/한 줄 획을 그으며/여름을 넘네.

매미

도시의 어느 변방
매미가 울고 있다
누구의 절규인가?
이것은 비명인가?
무더운
열대야의 밤
잠 못 들고 뒤척인다.

蝉

町外れの何処
セミが鳴く
誰の号泣なのか?
これは悲鳴なのか?
蒸し暑い
熱帯夜の夜
寝付けず夜明かす。

鳴く蝉の叫び続きの熱帯夜

なくセミのさけびつづきのねったいや

매미의 비명/절규의 울음소리/열대야구나

냇가에서

햇살에 반짝이는
새하얀 모래밭에
조그만 유리 조각
분해되는 무지개색
아련한
추억 같은 것이
감겨오는 이 시간.

川辺にて

日差しに輝く
真っ白な砂場
ガラスのかけら
広がる虹色
微かな
思い出話
押し寄せの時間。

白砂場虹色映るガラス割れ

しろすなばにじいろうつるガラスわれ
하얀 모래밭/무지개가 비친다/유리 조각에

04

봄 春

가는 봄

빼꾸기 피 울음이
고요 위에 떨어지면
저 슬픈 붉은 낙화
흥건한 선혈鮮血 밟고
봄날은
절정絕頂을 넘어
한나절을 건넌다.

行く春

呼子鳥の血の涙
静けさの上に落ちる
あの悲しい赤い落花
生き血を踏み出し
春の日は
絶頂を越えて
小半日を越す。

花の散る生き血飛び散り春は行く

はなのちるいきちとびちりはるはいく
저 슬픈 낙화/선혈이 낭자한데/봄날은 간다.

새봄

잿빛의 무건 하늘
한 뼘이나 높아진 날
산 까치 한 쌍 울며
장산으로 날아가면
어느새
새봄이 와서
배회徘徊하는 한나절.

初春

灰色の重い空
一指尺も空高くなった日
一番いの山カササギの泣き
萇山(チャンサン)へ飛び上がる
知らず知らずの間
春の訪れ
さ迷う半日。

高い空ふと春が来てうろうろす

たかいそらふとはるがきてうろうろす
높아진 하늘/어느새 봄이 와서/서성거린다

밤 벚꽃

눈 뜨고 꿈을 꾼다.
떨어지는 꽃잎꽃잎
함박눈과 나비 떼가
춤을 추는 온천천 변
가로등
환한 불빛에
물에 비친 연인들.

夜桜

目覚めては夢見る
落ちる花びら花びら
牡丹雪と蝶の群れ
温泉川(オンチョンチョン)を踊る
街路灯
明るい光に
川に映る恋人たち。

夜桜の綿雪と蝶の映る影

よざくらのわたゆきちょうのうつるかげ
밤 벚꽃놀이/함박눈과 나비 떼/비친 그림자

청사포

아득한 수평선서
몰려오는 봄바람에
바닷새 눈빛에도
봄빛이 반짝이고
갈매기
울음 울면서
비상하는 청사포.

靑沙浦

果てしなき水平線
見舞われる春風
海鳥の目色にも
春の気配が輝いて
カモメ
泣きつつ
チョンサポ飛翔。

チョンサポやカモメの目色春光る

チョンサポやカモメのめいろはるひかる
청사포 바다/갈매기 눈빛에도/봄이 빛난다.

오는 새봄

혼자 사는 아파트의
깨어진 유리창에
아직은 찬바람이
떨걱이고 있는 하오下午
창문을
반쯤 열고 보면
저만치서 오는 봄.

近づく春

一人住むマンション
割れたガラス窓
いまだ冷たい風
泣き叫ぶ午後
窓を
半開きにする
近づく春。

割れガラス一人マンション春がくる

われガラスひとりマンションはるがくる
낡은 아파트/혼자 사는 집에도/새봄은 온다.

목련꽃 핀 아침

햇살 환한 창을 열면
목련꽃 폈는 아침
목 뽑아 내다보며
안녕! 하고 인사하면
봄볕이
겹겹한 골목
서성이며 오는 봄.

木蓮の花咲きし朝

日差し明るい窓を開けば
木蓮の花咲きし朝
首を伸ばして見下ろす
おはよう!と言い、挨拶を交わす
春の日差しが
十重二十重の裏路地
佇む春の息吹。

窓越しに花と挨拶春の朝

まどごしにはなとあいさつはるのあさ

창문 너머로/목련과 인사하는/환한 봄 아침

봄날은 간다

동남풍 불어오면
문득 떠오르는 이름
하늘빛 높아지면
환영幻影처럼 떠는 얼굴
산산이
꽃잎이 지고
봄날은 가고 있다.

春の日は過ぎゆく

東南の風吹く
ふと浮かぶ君の名
空色の高くなると
幻影のようにして浮かぶ顔
ばらばらと
花びらが散って
春の日は過ぎゆく。

東南風浮かぶ君の名春は行く

たつみかぜうかぶきみのなはるはゆく
동남풍 불고/문득 떠오른 얼굴/봄날은 간다.

낙화落花

그대의 그림자가
흔들리는 창가인데
실바람 한 자락에
소리 없이 지는 꽃잎
내 가슴
허물어지면
봄도 함께 무너진다.

落花

君の影法師
揺れ動く窓際
そよ風の一裾に
静かに散る花びらよ
我が胸
潰れる
春も共に崩れかかる。

窓の外君の影かな落ちる花

まどのそときみのかげかなおちるはな
저녁 창밖에/그대 그림자인가/낙화로구나

잔설殘雪을 밟고

못다 푼 한恨 같은 것
그런 잔설을 밟고
바람이 미끄러지듯
몇 바퀴 뒹구는데
운봉산
영嶺을 넘어서
떠나가는 긴 겨울.

残雪歩き

晴らし残しの恨みよ
残雪を踏まむ
風が滑るがごとく
何周も転げ回る
雲峰山の
嶺を越えて
立ち去る長い冬。

残雪踏んでつるつるすべる冬が去る

ざんせつふんでつるつるすべるふゆがさる
잔설을 밟고/미끄러지는 바람/떠나는 겨울

산에서

겹겹한 정적靜寂 위로
송홧가루 흩날리고
꽃구름 흘러간 뒤
하얀 낮달 걸린 산정山頂
사월의
가운데를 질러
울음 울며 나는飛 산 꿩.

山にて

幾重靜寂の上
舞い上がる松の花粉
花雲の流れし後
かかりし白き昼の月
卯月の
真ん中を横切って
鳴き渡る山キジ。

春の月卯月の中にキジの鳴き

はるのつきうづきのなかにキジのなき

낮달 뜬 봄날/그 가운데를 질러/울며 나는 꿩

05

무계
無季

새 한 마리

햇살 환한 이른 아침
먼지 모두 드러나고
시시티브이 카메라 위
새 한 마리 앉아서는
지나온
내 한 생애의
지은 죄를 살핀다.

一羽鳥

明け方の明るい日差し
宙に舞っている埃をさらけ出す
シシーテレビカメラの上
一羽の鳥座っては
過ぎ去った
我が生涯の間
犯した罪を見詰める。

一羽鳥監視カメラで我に向かう

いちわとりかんしカメラでわにむかう
철새 한 마리/감시카메라 위에/나를 보누나.

초승달과 잉어

어둠살은 산자락을
스멀스멀 내려오고
비단잉어 몇 마리가
연못을 유영游泳하며
초승달
한 귀퉁이를
갉아먹고 있었다.

三日月と鯉

山裾沿いの暗やみ
降りて来る
何匹の錦鯉
池の水泳ぎ
三日月
片隅を
齧る一方。

池の中三日月齧る鯉泳ぎ

いけのなかみかづきかじるコイおよぎ

연못 속에서/초승달 갉아 먹는/잉어의 유영

소유물所有物

잡다한 내 소유물
구도構圖 잡아 앉은 방안
적막寂寞의 가운데서
물끄러미 바라보니
저승길
못 가져가는
모두가 쓰레기네.

持ち物

ガラクタの持ち物
居住まいを正す
寂寥の部屋の中
何気なく目を渡す
死出の旅
もはや無駄な荷造り
諸行無常のごみだらけ。

死出の旅無駄な持ち物ごみだらけ

しでのたびむだなもちものごみだらけ
내 물건들이/저승길 못 가져갈/쓰레기구나

반송동에서

반송동에 내려놓고
안평 가는 4호선은
공중에 부양浮揚하여
밤하늘을 가고 있다
손톱 달
돋았던 저녁
열 살로 가고 있네.

盤松洞にて

盤松洞に降ろす
安平行きの地下鉄の4号線
空中浮揚の魔術
夜空を飛び渡る
三日月
出る夕方
もうすぐ十歳になる。

地下鉄の空中浮揚の名残夢

ちかてつのくうちゅうふようのなごりゆめ
4호선 전철/공중에 부양하여/못 잊을 꿈길

옆집 계집애

이웃집 계집아이
새하얀 블라우스
영롱한 햇살이 와
굴절되어 눈부시다
잔잔히
여울지는 냇물
이 아침에 흐른다.

隣家の少女

隣家の少女
真っ白ブラウス
差し込む玲瓏たる日差し
屈折されてこそ眩い
穏やかに
小川のせせらぎ
この朝に流れる。

お隣の白ブラウスに日差しかな

おとなりのしろブラウスにひざしかな

옆집 계집애/새하얀 블라우스/눈 부신 햇살

아버지 문갑文匣

고색古色의 족보 한 질帙
유품 몇 점 남은 방에
어릴 땐 무슨 비밀이
담겼다고 여긴 문갑
녹이 슨
열쇠로 열어본
허전한 어느 오후.

父の文箱

我が家の一帙の古き家譜
今は形見何点しか残らずの父部屋
子供時代は絶対信じていたあの秘密の
込められた不思議な文箱
錆び付いた
鍵で力任せに開ける
ある寂しい午後。

父部屋の形見の文箱午後寂し

ちちべやのかたみのふばここごさびし

아버지 문갑/유품 몇 개 남았다/쓸쓸한 오후

아침 남항南港

어둠이 바람 앞에
산산이 흩어지면
오색 깃발 펄럭이며
떠난 배 돌아오고
금빛의
비늘 퍼덕이는
자갈치의 새 아침.

朝の南港

風の前の暗闇
粉々に消え去る
五色の旗はためく
満船飾りの帰船
金色の
羽ばたく鱗
チャガルチの新しい朝。

朝港旗をはためく帰り船

あさみなとはたをはためくかえりぶね

아침 남항에/오색 깃발 날리며/귀항하는 배

청사포 바다

은빛의 고기떼가
회유回游해온 푸른 바다
갈매기들 투신投身하며
폭격을 하고 있고
청사포
만경창파萬頃蒼波에
발령된 공습경보.

青沙浦の沖

銀色の魚の群れ
泳ぎ回る青き沖
海面すれすれの滑空
かもめの爆撃
チョンサポ
青海原の
空襲警報発令。

チョンサポの空襲姿カモメ群れ

チョンサポのくうしゅうすがたカモメむれ
청사포 바다/공습경보 내렸나/갈매기 떼여

어느 아침

커피 잔 엎질러져
얼룩진 읽던 시집
내 여윈 주름진 손
청소기 도는 소리
웅크려
털을 세우고
눈 뒤집는 고양이.

或る朝

コーヒーを溢す
染みついた詩集
やせた手のしわ
轟音を立てる掃除機
しゃがんで
毛を立て
血迷った猫。

掃除音しゃがんだ猫が毛を立てる

そうじおとしゃがんだねこがけをたてる

청소기 소리/웅크린 고양이가/털을 세운다

육교陸橋에서

비 오는 육교 위에
하반신 없는 여인
유행 지난 유행가流行歌가
너무나 애절하데
어디로
끌고 가는가?
물 흐르는 저 육신.

歩道橋にて

雨降る歩道橋の上
下半身不在の女
盛り過ぎの流行歌
憐れ極まる
何処へ
引き摺るのだろう
水の流れるあの肉身。

歩道橋負けじ女の雨が降る

ほどうきょうまけじおんなのあめがふる
육교 위에서/하반신 없는 여인/비가 내린다

발문

06

식물성 언어와 간결한 율격미로 빚은 한 · 일 정형시

민 병 도 | 시인, 국제시조협회 이사장

눌하訥河 정해원 시인은 1947년 경북 청도군 금천면 방지리 출생으로 1979년 월간 〈시문학〉 추천으로 문단에 나왔으니 올해로 시력詩歷이 40년에 이른다. 그간 꾸준한 작품활동의 성과로 시조집 『이 찬란한 아침에』, 『산길을 걸으며』, 『소실점』, 『빙하기』를 상재하였고 동시조집으로 『시냇물과 종이배』를 출간한 바 있다. 평소 일본의 정형시 하이쿠에 관한 꾸준한 관심과 창작을 병행해 온 끝에 이번에 한글과 일본어로 된 '시조와 하이쿠집' 『겨울밤』을 발간하기에 이르렀으니 인접 문화권에 대한 그의 폭넓은 이해와 식을 줄 모르는 열정의 또 다른 면모를 볼 수가 있겠다. 이 같은 관심과 노력은 아마도 점차 국제화 양상을 띠고 있는 문화의 교류에 있어서 상호보완적인 기대치를 충족시켜 줄 뿐만 아니라 개인의 독자적 시학을 정립하는 데도 상당부분 기여할 수 있을 것으로 여겨진다.

이번에 발간하는 '시조와 하이쿠집' 『겨울 밤』에는 51편의 단시조와 51구의 하이쿠가 실려 있다. 상호

비교하면서 이해의 폭을 넓히도록 왼쪽(짝수 지면)에는 시조를 싣고 일어번역을 덧붙였으며 오른쪽(홀수 지면)에는 하이쿠를 싣고 역시 한글번역을 덧붙였다. 사실 시조와 하이쿠는 같은 한자문화권의 정형시 계보를 잇고 있지만 양식 질서에 있어서 현격한 차이를 보여준다. 시조는 모름지기 우리민족의 전통과 감성 안에서 변함없이 지켜온 문화유산인 반면 하이쿠는 와까(和歌)의 변종 양식이다. 문제는 그럼에도 5,7,5라는 이 하이쿠의 짧은 양식으로 세계인들의 관심을 이끌어내는 데 성공하였다는 점이다. 물론 소위 일본식 메케팅 전략과 맞물린 결과임에는 이론의 여지가 없지만 세계적인 문학양식의 반열에 올라 있는 것도 사실이다. 정해원 시인 역시 바로 이 하이쿠의 올바른 이해로부터 시조의 형식질서를 이해하고 시조의 국제화 방안을 찾고자한 노력으로 읽혀진다.

그럼 여기서 이번 '시조와 하이쿠집' 『겨울 밤』에 실린 몇 작품을 읽어보자.

겨울밤 그 적막을
바람이 휘젓는다.
고독孤獨은 베갯잇에
눈물로 떨어지고

냉기冷氣는

뼈에 사무치는데

유리창琉璃窓도 따라 운다.

–「겨울밤」 전문

이 작품은 이번 시집의 표제시조이다. 그만큼 정 시인의 작품경향이나 심상의 기저가 작용되었을 여지가 크다. 주제나 메시지를 분별하기에 앞서 지독한 외로움이 먼저 전달되는 작품이다. 물론 그것이 시적 화자와 동일시된 시인 자신의 심경이라고 단정할 수는 없지만 그 같은 정황에 경도되고 있음은 부정할 수가 없다. 겨울, 그것도 밤의 인상은 어둡고 쓸쓸하고 무서운 시간이다. 그런데 거기에다 바람까지 세차게 불어댄다. 혼자 누워있자니 함께 하여 생각을 나누고 외로움을 다스려줄 상대도 없고 지나간 일들이 포승처럼 정신을 묶어와 자신도 모르게 눈물이 흘러내린다. 하지만 장부가 할 수 있는 것은 거기까지다. '냉기는/ 뼈에 사무치는데/ 유리창도 따라' 우는 것이 아닌가. 흐느껴 우는 일은 유리창에게 맡긴 것이다.

한 평생 시조의 밭을 일구며 혼신의 열정을 다 바쳤으나 일흔이 넘는 나이에다 몸도 마음도 지쳐 외로움과 친구가 된지 이미 오래다. 더욱이 정해원 시인은 지금 사회복지사의 일을 하고 있다. 외롭고 쓸쓸하게 보내는 노년을 돌보는 일이다. 얼마나 많은 고독의 편린들과 얼마나 안타까운 슬픔을 보았겠는가. 거기에서 자신을 보았고 자신의 노년을 보았고 거기에서 자신의 고독을 보았던 것이리라.

이 「겨울밤」의 오른 쪽 면에는 같은 심상을 노래한 하이쿠가 실려 있어 '시조와 하이쿠'라는 한 · 일 정형시의 표현태를 비교해 볼 수가 있다.

冬夜更け枕に涙窓が泣く

ふゆよふけまくらになみだまどがなく

겨울밤 적막 / 베개에 지는 눈물 / 우는 유리창

이번 '시조와 하이쿠집' 『겨울 밤』에는 하이쿠의 구성요건 가운데 하나인 계어季語를 감안한 듯 봄, 여름, 가을, 겨울과 같은 사계별로 편집을 하고 있다. 우리는 흔히 봄, 여름, 가을, 겨울을 순서로 계절을 음미하는 데 비해 정 시인은 역순으로 겨울, 가을, 여름, 봄의 순서로 계절을 읽고 있다. 젊음이 다가가는 미래지향적인 시간읽기와는 달리 아쉬움과 안타까움으로 점철된 지나간 시간읽기의 한 방법이 아니었을까 보여진다.

짱그랑 쇳소리가
날 듯한 빙점氷點 근처
팽팽한 아침 공기空氣
항복점降伏點에 이르렀고
내 삶은
허리가 휘어져
끊어질 듯 아프다.

—「입동立冬 날 아침」 전문

'짱그랑'이라는 의성어를 앞세운 이 작품을 읽노라면

매우 감각적이면서도 순간적으로 '허리가 휘어져/ 끊어질 듯 아픈' 모드로 바뀐다. '입동'은 아직 겨울에 들어가기 직전의 절기이다. 하물며 그런데도 '허리가 – 끊어질 듯 아픈' 것은 바로 '내 삶'이 그렇기 때문이다. 정작 겨울의 가운데로 들어가면 어떠할까 짐작이 간다.

문제는 이 같은 시적 체험이 실존적 기록이 아니라 심리적, 상징적 가설이라는 점이다. 자신의 체험에서 일어난 증언이라기보다 논리적, 이성적 판단의 근거에 의한 상징적 감성이기 때문이다. 말하자면 보편성의 잣대로 감성을 자극하고 독자의 공감대를 확보하려는 작의에 의한 것이다. 설사 온도가 내려가 영하권에 이른다 할지라도 그것만으로 내 허리가 끊어질 리는 없다. 다만 그것이 내 삶을 관류하였을 때의 겨울은 가히 공포의 대상이 되지 않겠는가. 짧고 정연한 이미지에 깊은 울림을 담아내고 있다.

찬바람 드사나운
독거노인 어느 거처
헤진 집 못 꿰매고
거미는 어디 갔나?
냉기가

만장滿場한 방에

형광등이 깜박인다.

—「독거노인獨居老人」 전문

이 작품 역시 자신의 감성을 대신해줄 치환물이 등장한다. '헤진 집 못 꿰매고/ 거미는 어디 갔나'에서 보듯 허공을 연결하여 집을 짓는 거미마저도 포기한 남루가 처연한 '독거노인 어느 거처'이다. 게다가 요즘같이 흔한 Led 천국에 구하기도 어려운 형광등을 끌어오고 그것도 모자라 깜빡이는 실황을 그려놓았다. 상상만으로도 손에 잡힐 듯이 명시적인 공간이 눈앞에 다가온다.

하지만 이 단순명료한 정황 하나가 일으키는 파장은 결코 만만하지가 않다. 가족들이 뿔뿔이 떠나가고 홀로 남겨진 아픈 삶을 감당해나가는 노인의 모습이 그려지고 그 노인에게 다가왔을 힘겹고 지난한 시간들이 지나가고 하루하루 버텨야하는 날들의 외로움이 처연하게 묻어있기 때문이다. 이 작품에서도 시인으로서의 정해원은 시대의 진단자, 시대의식의 진단자로서의 역할로 배역을 제한하고 있다. 아마도 이는 독자들에게 처방을 위임하였기 때문이리라.

한편 모든 시인들이 마찬가지겠지만 정해원의 마음

속에도 떠나지 않는 고향에 대한 그리움과 미련과 아쉬움은 여전하다.

코발트 하늘 아래
주렁주렁 감이 붉고
감와인 익는 마을
단풍이 무척 곱다
이 하루
얘기 들어 줄 친구
찾아가는 내 고향.
—「귀향기歸鄕記」 전문

그가 지금도 선산을 찾고 친구를 찾아가는 운문댐 아래 작은 마을, 방지리가 그의 고향이다. 가지산과 운문산을 가로지르는 금천錦川변에 위치하여 아늑하고 작은 농촌마을이지만 수려한 경관을 자랑한다. 다만 일찍이 객지로 나가서 공부한 까닭에 고향에는 아주 어릴 적 기억 밖에 없다. '이 하루/ 얘기 들어줄 친구'를 찾아가서 대체 무슨 이야기를 하고 싶은 것일까. 아마도 객지생활에서의 고달픔을 토로하고 싶었을 것이고 고향에 대한 그리움을 이야기하고 싶었을 것이고 고향에서 살아온 친구는 행복하다고 말해주고 싶었을지도 모른다. 정해원 시인에게도 고향은 영원한 모토임에 틀림이 없다.

여기 정서적으로 지난했던 삶의 여정이 허무와 맞닿은 또 한편의 고독시편이 있다.

그대의 그림자가
흔들리는 창가인데
실바람 한 자락에
소리 없이 지는 꽃잎
내 가슴
허물어지면
봄도 함께 무너진다.

—「낙화落花」 전문

이 작품을 보면 유년시절 변화무쌍한 자연환경 속에서 자란 정해원 시인의 감성이 어디를 지향하고 있는지를 알 수가 있다. 누군가와 함께 하던 공동체적 환경과 우주의 섭리대로 지는 꽃잎 하나에도 마음을 다치는 순수함, 자연의 변화와 나의 변화를 하나로 연관지어서 받아들이는 숙명론자적 사고가 곧 그것이다.

아무리 만물의 영장이라고 자부하나 인간이 독자적 개체로 존립할 수 없는 것이 아닌가. 누군가와 함께 생각을 섞어야 하고 더불어 살아야 한다. 스스로 정좌하고 스스로 불혹하고 스스로 순명을 따른다고는 하나 누구도 섭리를 거스러지는 못하였다. 정 시인이 잠재의식 속에는 외부의 환경에 지나치리만큼 민감하게 반응하는 감성인자가 내장되어 있다. 그 같은 감성이 지는 꽃잎, 즉 절대적인 대상 앞에서 자신을 마음껏 허물고 있는 것이다.

같은 이미지의 하이쿠, '저녁 창밖에 / 그대 그림자인가 / 낙화로구나' 또한 그의 시조와는 또 다른 시간과 공간성을 확보하고 있다는 점에서 돋보인다.

窓の外君の影かな落ちる

花

まどのそときみのかげかなおちるはな

저녁 창밖에 / 그대 그림자인가 / 낙화로구나

지금까지 이번 '시조와 하이쿠집' 『겨울밤』을 일별하였다. '이번 시조와 하이쿠집 『겨울밤』에서 나의 시조는 이러한 것을 염두에 두고 내용의 긴장과 그것을 뒷받침하는 꽉 조이는 듯한 음률의 긴장을 위하여 음수에 충실하였으며, 문학적 미학적 요소를 배제할 수는 없지만 될 수 있는 대로 주관과 스토리를 최소화하고 다 말하지 않고 생략하며, 말하지 않으면서 말하는 작품의 회화성을 살리고 여운과 여백을 남기려 했다'는 그의 머리말처럼 시조원형의 정제미가 돋보인다. 그리고 그가 지닌 시조에 대한 애정과 하이쿠에 대한 관심이 결코 편향적이지 않다는 점도 자명하게 드러나 있다.

이번 시집을 통해서 보여준 그의 시조는 짧고 간결한 율격미와 시인 특유의 식물성 언어가 구축해가는 자의식 확장에 맞춰져 있다. 따라서 무엇보다도 그는 자신에 대한 감성적 진단에 주제를 집중하고 자신에게 지워진 원초적 고독을 발견하는데 포커스를 맞추었다. 아마도 이는 향후 자신의 시조가 나아갈 방향성을 제고하는데 원용할 처방전이 되지 않을까 기대된다.

그는 직업인으로서의 삶과 병행하여 문학인으로도 오래고 다양한 활동을 전개해 왔다. 부산문인협회 이사와 시조분과위원장, 부산시조문학회 회장을 지냈으며 지금도 한국하이쿠연맹 부의장, 부산시조시인협회, 청도문인협회 회원으로 활동하고 있다. 그 활동들의 결과로 성파시조문학상과 낙동강문학상을 받았으며 지금은 사회복지사로서 사회적 약자에 대한 관심과 봉사에도 열성을 다하고 있다.

이번 의미 있는 시집의 발간으로 기대하는 이상의 성과와 앞으로의 문학 활동에 새로운 가치질서가 정착되기 바라며 문운이 창창하기를 기원 드린다.

植物性言語と簡潔な律格美を醸し出す韓国と日本の定型詩

閔 炳 道（詩人・国際時調協会理事長）

訥河丁海元詩人は一九四七年韓国慶尚北道清道郡錦川面芳旨里にて生まれた。丁海元詩人は一九七九年、月刊『詩文学』推薦によって登壇して以来、絶えず時調を書いてきて、今年で詩歴は最早40年の越える歳月を迎えている。その間、文壇で活発な作品活動の業績としては『この華やかな朝に』『山道を歩きながら』『消失点』などを上梓し、童時調集の場合『小川と紙の船』を上すことにも至る。詩人は、日頃、日本の定型詩について厚き関心と創作を並行して今度、韓国語と日本語の時調と俳句集の『冬の夜』を出すこととなった。隣国文化をめぐる詩人の幅広い理解と冷えぬ詩的熱情の成果として貴重な御発刊の成功は長い間、両国の詩歌の姿を築いてきた詩人の執念の結果ともいえるのである。

かくのような詩人の関心と努力は、疑うらくは、次第に国際化しつつある文化交流における韓

・日相互補完の強がりを示すだけではなく、詩人固有の詩学を定立することに際しても、かなり寄与するところが大きいと思うのである。

この度の御発刊の作品、時調と俳句集『冬の夜』には五十一首の短時調と五十一句の俳句が載せてある。韓国・日本両方の読者方の理解を助ける試みとして、時調と俳句を対照して御感想の幅を広めるために、左の偶数紙面には時調を載せてその下に日本語翻訳を付けており、また右の奇数紙面には俳句と韓国語翻訳を付けている。

事実、時調と俳句は同じ漢字文化圏における定型詩の系譜を共有しているが、様式秩序の著しい格差を見せてくる。時調は須らく我が韓国民族の伝統と抒情の中から変わりなく守ってきた文化遺産である反面、俳句とは和歌の変形様式である。問題は、そうすることにもかかわらず、五・七・五という俳句の短い形式を通して世界人の関心を導かせることに成功していることである。勿論、いわゆる言語芸術の日本式マーケッティング戦略と噛み合った結果とは異論の余地はないのみならず、世界的な文学様式の列に伍することも事実のようである。丁海元詩人もやはりこの俳句に対する正しい理解から時調の形式秩序を理解し、時調の国際化の方法を探そうという努力の一環として読まれるのである。

では本論に入って詩人の力作の時調と俳句集『冬の夜』の主な作品を考察してみることにしよう。

冬の夜寂寞を
風がかき回す
孤独は枕元
涙の落ちる
冷気は
骨身に染みる
貰い泣きのガラス窓。
-『冬の夜』全文

この作品は本詩集の代表的な表題時調である。表題から提示する「冬」と「夜」の詩的言語とはそれほど丁詩人の作品傾向や心象の基底として作用していたことが大きいと思われるのである。主題とメッセージを見分けする前、耐えられぬ孤独が先に伝わる作品なのである。勿論、それが詩的話者と同一視した詩人自分の心境であるとは断定しかねるが、そういう状況に傾くばかりのことは否定できないのである。「冬」それも夜の印象は暗くて物寂しく恐怖の時間である。それに冷風まで吹き募る。ただ独りの横たわる面影はもはや相対して話し合える人も、慰め合える人もなし、来し方のできごとが捕り縄のように、自分の精神を縛られ、思わずの涙が泣けてきたのである。しかし、詩人のできるのはそこまであっただろう。「冷気は / 骨身に染みる」せめて貰い泣きしかできない詩人痛烈な思いとそこに残されたガラス窓に貰い泣きを任せているのである。

生涯の仕事として時調の畑を耕し、渾身の熱情を尽して、いつの間にか年古希に余り、体も心も萎縮し、寂しさに慣れて久しいのである。しかも丁詩人は今も社会福祉士として仕事をして寂しい老年の方々を世話役を黙々と行っている。なんて沢山の孤独の片鱗に、なんて悲しさを目撃しただろう。その地点で、詩人は自分を見つけて、自分の老年を発見し、そこから自分の孤独を見たのである。

冬夜更け枕に涙窓が泣く

ふゆよふけまくらになみだまどがなく
겨울밤 적막/베개에 지는 눈물/우는 유리창

時調と俳句集『冬の夜』には俳句の構成要件の一つの季語を考え合わせているようであって、春、夏、秋、冬など四季別の編集を行っている。一般に春夏秋冬のごとく順序に季節を吟味するに対して、丁詩人は逆順に「冬、秋、夏、春」の順序で季節を詠んでいる。若者が志す未来志向的な時間読みとは異なって、心残りと未練がましさが綴り合わせている過ぎ去ってしまった時間読みの方法の一つであろうと思われる。

がちゃんと鉄の音が
出るような氷点の近く
張り詰めた朝の空気
降伏点に達し
わが暮らし
腰が曲がって
切れそうに痛い。
-『立冬の朝』全文

破格ともいえる詩的言語として採用した擬声語の「がちゃん」から詠み始めたこの作品に対する感想は、非常に感覚的で、瞬間的に「腰が曲がって / 切れそうに痛」いモードに一変するということである。要するに立冬は冬立つ直前の節季である。まして「腰が切れそうに痛」いのは苦しき「我が生きぶり」を物語っているのである。本場の冬になるとするとどうなるかということはもっとものことであろう。

問題はこういう詩的体験が実存的ものごとではなく、心理的・象徴的仮説ということである。自分の体験からできた証言というよりも、論理的・女性的判断の根底による象徴的感性だからである。言ってみれば、普遍性のバロメーターを通して、感性を刺激し、読者の共感を確保する作意によるものである。仮に、温度が下がって零下圏に至るとしてもそれだけで自分の腰が切れるはずはないのである。ただ、それが我が人生を貫いた時の「冬」はまさに恐怖の対象となれたのであろう。ごく短く整然としたイメージに深い響きを詠み込んでいる。

冷たい隙間風
独居老人の御宮
擦切れた住み処の衣縫い尽せず
蜘蛛は何処?
冷気の化け物
冷え切った部屋
瞬くばかりの蛍光灯。
－『独居老人』

この作品も自分の抒情を取り替えられる置き換えが登場させている。「擦切れた住み処の衣縫い尽せず / 蜘蛛は何処?」の所で、虚空をつなぎ合わせて住み処を作る蜘蛛さえも諦めた空間のぼろ着物の哀れな「独居老人の御宮」なのである。のみならず、現代はありふれたLED天国には蛍光灯を詩的素材と介入しており、それも瞬くばかりの実況を上手に描いている。想像するだけで、手に取るように明示的な空間が眼前に近づいてくる。

しかし、この単純明瞭な状況が及ぼす波長は決して甘くないのである。一家がばらばらになって、居残されて苦しい生き様を強いらる老人の姿を描いており、その老人に迫りきた至難の時間が過ぎ、毎日を切り抜けざるを得なくなった彼らの物寂しさが投影されているのである。この作品にも詩人としての丁海元は時代の診断者、時代意識の診断者としての役割を配役を制限している。恐らく、これは読者に解決を任せる作家的配慮のこと思われる。

一方、一般的な詩人の詩想は丁海元の心にも離れられない故郷に対する懐かしさと名残の心は依然として持っていることである。

コルバルトの空の下
鈴なりの柿の実赤し
柿ワインの味付く村
時折の綺麗な紅葉
ただの一日であれ
心あらむ友人もがな
里帰の故郷。
-『歸鄕記』全文

詩人が今も祖先の墓参りと友人訪れの雲門ダム下の小村の芳旨里が詩人の根生いの地である。加智山と雲門山を横切る錦川の河辺の穏やかで美しい農村である。ただ、幼い時、都会に出て留学し、故郷思い出は若き頃しか残っていないのである。「ただの一日であれ / 心あらむ友人」を訪れていったい何の話がしたかったのであろう。おそらく、他郷暮らしの困憊さの土呂、懐かしんだ故郷を話したい、故郷を守ってきた友は幸せであったと言いたかったかもしれない。丁海元詩人においても故郷は永遠はテーマに違いない。

ここに抒情的に至難であった生き様の道程が虚

無と触れ合ったまた一首の孤独詩がある。

君の影法師
揺れ動く窓際
そよ風の一裾に
静かに散る花びらよ
我が胸
潰れる
春も共に崩れかかる。
–『落花』全文

この作品からは少年時代の自然変化の環境の下で育った丁海元詩人の感情の志向するところがわかる。誰かと共にした共同体的環境と宇宙の摂理のごとく散る一片の花びらにも痛めた無邪気さ、自然の変化と自分の変化を一つに受け入れて一体化する宿命論者的考え方がそれである。

いくら万物の霊長とはいえる我ら人間は高飛車に出るといわれるが、独自的な個体として存立することはあるまい。誰かと共に考え合い、一緒に生きて行かなければならないのである。自ら正座し、自ら迷わず、自ら運命に従うといわれるが、誰もその摂理に逆らうことはできなかった。丁詩人の潜在意識には外部環境に出すぎるほど敏感に反応する因子が働いている。そういう感性にして落ちる花弁、すなわち絶対的な対象の前で自分という存在は喜んで崩しているのである。

同じ脈略の俳句、「まどのそと / きみのかげかな / おちるはな」のイメージも時調とは違う時間と空間性を確保しているところは見逃せぬところと思われる。

窓
の
外
君
の
影
か
な
落
ち
る

花

まどのそときみのかげかなおちるはな
저녁 창밖에/그대 그림자인가/낙화로구나

今まで、時調と俳句集『冬の夜』を考察した。「念頭に置いて内容の緊張とそれを支えての韻律の緊張まで活かすため充実な音数律に富んでいるし、文学的・美学的要素は排除し難いが、できるだけ詩人の主観と書き筋を最少化し、言い尽くさないことによって省く心持ち、言わずながら言う作品の絵画性に極めて、余韻と余白を残したかった」という詩人の前書きのように、時調原型の整斉美が著しい。それで、詩人の持つ時調に対する愛情と俳句に対する関心とが決して一方贔屓ではないということは明らかのように思われる。

この度の詩集を通して詩人の時調は短くて簡潔な律格美と詩人特有の植物性言語が築していく自意識の拡張に仕掛けられている。従って、何よりも詩人は自分に対する感性的診断に主題を集中し、自分に垂れた原初的孤独を発見することにフォーカスを合わせたのである。おそらく、これは詩人の今後から自分の時調が歩むべき方向性を望む上、解決策になるのではないかと思われる。

詩人は仕事人としての生活も並行し、また文学人としても様々な活動を展開してきた。釜山文人協会理事・時調分科委員長、釜山時調文学会会長を歴任し、現在、韓国俳句連盟副議長、釜山時調詩人協会、清道文人協会会員として猛活躍している。そういう活動の結果にソンパシチョ文学賞と洛東江文学賞を受賞し、社会福祉士として社会的弱者に対する関心や活動を行っている。

この度の深い意味のある詩集の発刊に際して、今後期待する以上の成果と今後の文学活動に新しい価値秩序が定着することと文運隆盛を心から祈る次第である。

눌하 정해원

1947년 경북 청도군 금천면 방지리 1793번지에서 태어났다. 우성식품주식회사(코카콜라) 기획관리실 주임, 동부제강주식회사 부산제조소 관리부장, 광명산업주식회사 관리 담당 이사 등을 역임했다. 부산문인협회 이사와 시조분과위원장을 역임, 부산시조문학회 회장을 역임했으며, 한국하이쿠연맹 부의장, 부산시조시인협회, 청도문인협회 회원으로 있다. 사회복지사로서 사회적 약자에 대한 관심이 있으며, 현재 (사)대한노인회에서 은퇴 노인들에게 일자리 및 사회활동을 지원하는 사회복지사의 활동을 하며 한국사회복지사협회 회원으로 있다.
1979년 월간 시문학 추천으로 등단했으며, 작품집으로는『이 찬란한 아침에』,『산길을 걸으며』,『소실점』 동시조집『시냇물과 종이배』와 정형시집『빙하기』를 출간하였으며, 이번에 한국어와 일본어로 좌우 양면에 대비하여 만든 '시조와 하이쿠집'『겨울밤』을 발간하여 한 · 일 정형시 교류에 이바지함과 아울러 시조의 세계화에 보탬이 되기를 기대하고 있다. 수상으로는 성파시조문학상과 낙동강문학상을 받았다.

e-mail : poemjung@hanmir.com
mobile : 010-3852-0356

1947年韓国慶尚北道清道郡錦川面芳旨里1793番地で生まれた。又醒食品株式会社(コカコーラ)企画管理室主任・東部(トンブ)製鋼株式会社釜山(プサン)製造所管理部長・光明(クァンミョン)産業株式会社の管理担当理事などを歴任した。釜山文人協会理事・時調分科委員長を歴任,釜山時調文学会会長を歴任し、韓国俳句連盟副議長・釜山時調詩人協会・清道文人協会会員として活躍している。社会福祉士として社会的弱者に対する関心を持っており、現在、(社)大韓老人会で引退老人たちに雇用や社会活動を支援する社会福祉士の活動を行いながら韓国社会福祉士協会会員としている。

1979年月刊詩文学推薦で登壇,作品集は『この華やかな朝に』『山道を歩きながら』『消失点』童時調集『小川と紙の船』と定型詩集『氷河期』を出版,今回に韓国語と日本語で左右両面に備えて作った時調と俳句集『冬の夜』を発刊して韓日間の定型詩の交流に貢献するとともに時調の世界化にプラスになることを期待している。受賞にはソンパシチョ文学賞と洛東江(ナクトンガン)文学賞を受賞した。